BEI GRIN MACHT SICH IHR WISSEN BEZAHLT

AF136154

- Wir veröffentlichen Ihre Hausarbeit,
  Bachelor- und Masterarbeit

- Ihr eigenes eBook und Buch -
  weltweit in allen wichtigen Shops

- Verdienen Sie an jedem Verkauf

Jetzt bei www.GRIN.com hochladen
und kostenlos publizieren

GRIN

Bibliografische Information der Deutschen Nationalbibliothek:

Die Deutsche Bibliothek verzeichnet diese Publikation in der Deutschen National-
bibliografie; detaillierte bibliografische Daten sind im Internet über http://dnb.d-
nb.de/ abrufbar.

Dieses Werk sowie alle darin enthaltenen einzelnen Beiträge und Abbildungen
sind urheberrechtlich geschützt. Jede Verwertung, die nicht ausdrücklich vom
Urheberrechtsschutz zugelassen ist, bedarf der vorherigen Zustimmung des Verla-
ges. Das gilt insbesondere für Vervielfältigungen, Bearbeitungen, Übersetzungen,
Mikroverfilmungen, Auswertungen durch Datenbanken und für die Einspeicherung
und Verarbeitung in elektronische Systeme. Alle Rechte, auch die des auszugsweisen
Nachdrucks, der fotomechanischen Wiedergabe (einschließlich Mikrokopie) sowie
der Auswertung durch Datenbanken oder ähnliche Einrichtungen, vorbehalten.

Impressum:

Copyright © 2018 GRIN Verlag
Druck und Bindung: Books on Demand GmbH, Norderstedt Germany
ISBN: 9783346172440

Dieses Buch bei GRIN:

https://www.grin.com/document/542499

Marie Albrecht

**Qualitative Verfahren beim wissenschaftlichen Arbeiten.
Interviews und Methoden der empirischen Forschung**

GRIN Verlag

GRIN - Your knowledge has value

Der GRIN Verlag publiziert seit 1998 wissenschaftliche Arbeiten von Studenten, Hochschullehrern und anderen Akademikern als eBook und gedrucktes Buch. Die Verlagswebsite www.grin.com ist die ideale Plattform zur Veröffentlichung von Hausarbeiten, Abschlussarbeiten, wissenschaftlichen Aufsätzen, Dissertationen und Fachbüchern.

Besuchen Sie uns im Internet:

http://www.grin.com/

http://www.facebook.com/grincom

http://www.twitter.com/grin_com

Einsendeaufgaben

Modul: Wissenschaftliches Arbeiten Vertiefung

- Qualitative Verfahren

Alternative C

Versendet zum Prüfen am: 17.09.2018

SRH Fernhochschule Riedlingen

Studiengang: Gesundheitsmanagement

Von

Name: Marie Albrecht

Inhaltsverzeichnis

Bei der hier vorliegenden Arbeit handelt es sich um drei Einsendeaufgaben – Alternative C

Aufgabe C1

1. Aufgabenstellung

Gegenstand der vorliegenden Einsendeaufgabe ist die Operationalisierung des Konstrukts Unternehmensreputation und die Konzeption eines vollständigen Interviewleitfadens zur Themenstellung nach dem Modell von SCHWEIGER aus dem Jahr 2004.
Um die Plausibilität der Konzeption und der Interviewfragen zu sichern, werden zunächst einige allgemeine Grundbegriffe erläutert. Im weiteren wird ein konkreter Interviewleitfaden zur qualitativen Messung der Reputation eines Krankenhauses entwickelt.

2. Reputation

Unternehmen versuchen stets Wettbewerbsvorteile gegenüber ihren Konkurrenten zu erlangen. Eine zunehmende Angleichung von Produkten (Produkthomogenisierung) macht eine Abgrenzung gegenüber den Konkurrenten schwierig. Mit einer guten Reputation kann ein Unternehmen also einen Wettbewerbsvorteil gegenüber seinen Mitbewerbern erreichen. Im Allgemeinen wird Reputation als „guter Ruf" bzw. „Ansehen" übersetzt und wird in Unternehmen aktiv mit Hilfe von Reputationsmanagement gestaltet, gemessen und gepflegt. Grundvoraussetzung für aktives Reputationsmanagement bildet die valide Messung des Konstrukts. Es wurden zahlreiche Messverfahren entwickelt, um die Reputationshöhe eines Unternehmens abzubilden. Zusammengefasst ist Reputation als das von verschiedenen Anspruchsgruppen (Stakeholdern) wahrgenommene Ansehen zu verstehen. Reputation erfährt also in unternehmensstrategischen Fragen zunehmend an Bedeutung. Gründe für die steigende Bedeutung und Positivwirkung von Unternehmensreputation beruhen vor allem im Konsumgüterbereich auf Verminderung der Unsicherheit der Stakeholder. Sie nehmen Reputation als Schlüsselqualifikation wahr, da Reputation einige oftmals zeitaufwendige, transaktionsrelevante Eigenschaften bündelt. Eine starke Reputation kann Unternehmen dabei helfen, nicht nur zufriedene Kunden und motivierte Mitarbeiter zu halten, sondern auch Neukunden zu gewinnen. Außerdem steigert positive Reputation Vertrauen und Akzeptanz von Investoren.

3. Reputationsmessung

Bei Unternehmensreputation handelt es sich um ein hypothetisches Konstrukt, das heißt, es ist als solches nicht direkt beobachtbar. Konstrukte werden über Kriterien erfasst, indem Messvorschriften für die Operationalisierung festgelegt werden.

Die Reputation eines Unternehmens kann also nur über Befragungen oder gegebenenfalls Beobachtungen von Personen erfasst werden, da es sich um ein Wahrnehmungskonstrukt handelt. Prinzipiell gibt es zwei Arten der Rufmessung. So kann die Unternehmensreputation entweder als Globalmaß (das Unternehmen als Ganze) oder über Teilbausteine bzw. Dimensionen und Indikatoren erfasst werden.[1]

In vorliegende Arbeit wird eine Operationalisierung der Messung der Teilbausteine (Dimensionen) nach dem Modell von SCHWEIGER aus dem Jahr 2004 vorgenommen.

4. Manfred SCHWEIGER: Wissenschaftliches Messmodell

Im Jahre 2004 veröffentlichte Manfred SCHWEIGER, Professor an der Ludwig-Maximilians Universität München ein wissenschaftliches Messmodell zur Messung von Unternehmensreputation und Identifikation von Reputationstreibern.

Das Modell wurde in einem mehrstufigen Verfahren entwickelt. Nach der Zugrundelegung einer Begriffsdefinition von Reputation als zweiseitiges Konstrukt mit kognitiven und affektiven Komponenten (Kompetenz und Sympathie) und der Bestimmung von unterschiedlichen Stakeholder-Gruppen als Zielgruppen der Befragung wurden 21 Merkmale (Indikatoren) zur Operationalisierung des Reputationskonstrukts herausgearbeitet.

Die Durchführung einer Hauptkomponentenanalyse der 21 Merkmale ergab eine Bündelung auf vier Index Konstrukte (Dimensionen), die mit „quality, performance, attractiveness, responsibility" benannt wurden.[2]

Damit werden nach seiner Auffassung nicht nur objektive Kenntnisse bezüglich eines Unternehmens in das Urteil einbezogen[3], sondern auch subjektive.[4] Diese Begriffserläuterung wird von SCHÜTZ aufbauend ergänzt. Er beschreibt Reputation als Summe der affektiven und kognitiven Werturteile eines Individuums, die durch die persönlichen Erfahrungen, Handlungen und die Unternehmenskommunikation als Reputationsbild geprägt werden.[5]

5. Reputation eines Krankenhauses

Es ist naheliegend, dass die Reputation eines Unternehmens bei jeder Stakeholdergruppe anders ausgeprägt sein kann. Diese Erkenntnis stellt das Management eines Unternehmens vor große Herausforderungen – es muss nicht mehr nur „die" Unternehmensreputation beachten, sondern sowohl unterschiedliche Reputationsebenen innerhalb des Unternehmens, als auch differierende Reputationen bei jeder Stakeholdergruppe des Unternehmens managen. Es liegt also nahe, dass die Reputation eines Unternehmens bei jeder Stakeholdergruppe anders ausgeprägt sein kann.

---

[1] Vgl. Hümmer, C.; 2015; S.184 *Die Reputation interner Dienstleister in Konzernen, Springer Fachmedien Wiesbaden 2015
[2] Vgl. Schwaiger, M., Corporate Reputation, 2004, S.62
[3] vgl. Barnett, M. L./Jermier, J. M./Lafferty 2006, S.26
[4] vgl. Schwaiger 2004, S.47
[5] vgl. Schütz, T. 2005, S.8

Für ein Krankenhaus stellt das Wissen um die Entstehung und Wirkung von Reputation einen entscheidenden Wettbewerbsvorteil dar. Gesundheitsdienstleistungen zeichnen sich insbesondere durch ihre Vertrauens- bzw. Erfahrungsguteigenschaft aus, da ihre Ergebnisqualität schwer einzuschätzen ist. Ein Krankenhaus besteht in der Regel aus verschiedenen Fachabteilungen bzw. Kliniken oder auch interdisziplinären Zentren, die Krankenhaus mindestens zwei Reputationsebenen gibt – die Reputation des Krankenhauses als Ganzes und die Reputation jeder einzelnen Fachabteilung, bzw. der einzelnen Zentren. Darüber hinaus lässt sich noch eine weitere mögliche Reputationsebene erkennen – der Chefarzt. Ihm wird in der aktuellen Literatur im Gesundheitssektor eine große Bedeutung für den Krankenhauserfolg zugesprochen. Insbesondere bei der Gewinnung von Patienten sowie niedergelassenen Ärzten als Einweiser erscheint die Person des Chefarztes als Führungsperson (Performance – Sehr gut geführt) relevant.[6] Außerdem steht das Krankenhaus mehreren Stakeholdergruppen gegenüber – u.a. Krankenkassen, andere Leistungserbringer, niedergelassene Ärzte und Patienten – die unterschiedliche Reputationen ausbilden können. Somit muss sich auch ein Krankenhaus mit der Frage auseinandersetzen, wie es erstens mit den unterschiedlichen Reputationen innerhalb des Krankenhauses und zweitens mit denen verschiedener Stakeholdergruppen umgeht. Verfügt ein Unternehmen über mehrere Stakeholdergruppen ist davon auszugehen, dass die existierenden Stakeholder untereinander kommunizieren und Erfahrungen austauschen können. Folgt man der Annahme, dass Reputation auf Basis eigener Erfahrungen sowie unter Beachtung der Meinungen Dritter und sonstigen Informationen entsteht, ist insbesondere die Beeinflussung bestimmter Stakeholdergruppen durch andere Stakeholdergruppen von Interesse. Es kann demnach zu Übertragungseffekten von Reputation zwischen Stakeholdergruppen kommen, die es zu identifizieren gilt. Mit diesem Wissen kann ein Unternehmen bzw. Krankenhaus gezielt diejenige Stakeholdergruppe ansprechen, die am stärksten zur Reputationsbildung anderer Gruppen beiträgt und somit erfolgsentscheidend ist. Es gilt daher, gezielt Einfluss auf die Reputationen aller relevanten Stakeholdergruppen zu nehmen.

6. Operationalisierung und Entwicklung eines Interviewleitfadens

Als Mitarbeiterin einer beauftragten Marketingagentur werde ich einen Interviewfragebogen für ein halb-standardisiertes Interview entwickeln, der die aktuelle Reputation des Krankenhauses unter den drei ausgewählten Stakeholdergruppen erkennt. Diese drei Gruppen haben zwar sehr ähnliche „Zielinteressen" weisen aber doch unterschiedliche Prioritäten und Blickwinkel auf, die relevant sind.

6.1. Ausgewählte Stakeholdergruppen

In der vorliegenden Arbeit werden folgende Stakeholdergruppen herangezogen: „niedergelassene Ärzte", „Patienten" und „Patientenverwandte". Die beiden Gruppen „niedergelassene Ärzte" und „Patienten" stellen elementar wichtige Stakeholdergruppen für ein Krankenhaus dar. Sie stehen aufgrund der Einweisungsbeziehung unmittelbar vor der Krankenhausauswahlentscheidung in engem Kontakt. Existiert bei einem niedergelassenen

---

[6] Vgl. Otte/Röhrßen (2009)

Arzt beispielsweise aufgrund eigener negativer Erfahrungen eine schlechte Reputation des Krankenhauses bzw. anderer Reputationsebenen, könnte er diese auch an seine Umwelt weitergeben. Die Folgen für das betreffende Krankenhaus wären gravierend, da er keine Patienten mehr in das Krankenhaus einweisen wird und darüber hinaus anderen Personen, die ebenfalls potenzielle Patienten für das Krankenhaus darstellen, abrät, sich in dem Krankenhaus behandeln zu lassen. Umgekehrt werden in der Arzt-Patient-Beziehung auch Informationen der Patienten an den Arzt weitergegeben. Wurde ein Patient in einem Krankenhaus behandelt, so kann er seine Erfahrungen – unabhängig davon, ob positiv oder negativ – seiner Umwelt und damit auch seinem behandelnden Arzt mitteilen. Bei diesem fließen wiederum diese Informationen in das eigene Reputationsurteil mit ein. Als dritte ausgewählte Stakeholdergruppe wird hier die Gruppe „Patientenverwandte" analysiert, denn oft ist der Blickwinkel von dieser Gruppe völlig unterschiedlich und doch zunehmend wichtig.

6.2. Sampling

Auswahl der Interviewpartner wird wie folgt stattfinden:
„Patienten – Gruppe": befragt werden stationär behandelte Patienten der besagte Klinik
a) Patienten, die sich einer geplanten Operation unterzogen haben
b) Patienten mit ausreichender Beherrschung deutscher Sprache
c) Patienten älter als 18 Jahre
d) Patienten mit einem Krankenhausaufenthalt von länger als 6 Tagen
e) Patienten die zur Interview-Durchführung physisch, psychisch und geistig in der Lage sind

„Verwandte – Gruppe": je ein Verwandter des befragten Patienten
a) Verwandte älter als 18 Jahre
b) Verwandte die dem Patienten >3 Besuche erstattet haben
c) Verwandte älter als 18 Jahre
d) Verwandte mit ausreichender Beherrschung deutscher Sprache
e) Verwandte die zur Interview-Durchführung physisch, psychisch und geistig in der Lage sind

„Zuweisende niedergelassene Ärzte – Gruppe" : zuweisender Arzt von jedem befragten Patienten

6.3. Qualitative Stichprobe nach der Top-down Strategie

Es werden insgesamt 8 Patienten und dazu gehörige Verwandte und Zuweisende niedergelassene Ärzte (Tabelle 1) teilnehmen. Insgesamt werden also 24 Interviews durchgeführt.

STAKEHOLDERGRUPPE	männlich	weiblich	Anzahl von Interviews
Patienten < 40 Jahre alt	2	2	4
Patienten > 40 Jahre alt	2	2	4
Verwandte (je Patient 1x)	8		8
Zuweisende niedergelassene Ärzte	8		8
Gesamt			**24**

Tabelle 1 : Qualitative Stichprobe (eigene Darstellung)

6.4. Konzeption eines Interviewleitfadens

Die Konzeption eines Interviewleitfadens erfordert eine strukturierte Vorgehensweise. Der Leitfaden fungiert als Basis für das darauffolgende halbstandardisierte Interview und beinhaltet den Titel und den Namen des Auftraggebers, einleitende Fragen, den Leitfaden laut der Fragestellung und abschließende Fragen. Der Ablauf eines Interviews lässt sich in verschiedene Phasen gliedern. Diese sind wie folgt:

* Vorbereitungsphase (Planung)

* Kontaktaufnahme mit möglichen Probanden

* Gesprächseinstieg

* Nachgespräch und Verabschiedung

* Dokumentation und Analysephase

6.5. Konkrete Operationalisierung des Konstrukts Unternehmensreputation

Zur Konstruktion des Interviewleitfadens ist die konkrete Operationalisierung des Konstrukts Unternehmensreputation maßgeblich. Zur Messung der Reputation des Krankenhauses wird hierbei, wie erwähnt das Modell von Schweiger hinzugezogen. Mit den Dimensionen Verantwortung, Attraktivität, Qualität und Performance[7] und den dazugehörigen Indikatoren soll die Reputation messbar gemacht werden. Die genannten Dimensionen werden wie folgt näher erläutert:

* Dimension „Verantwortung"
Dies soll die „Übernahme der Verantwortung" im gesellschaftlichen Kontext sein. Das Unternehmen möchte seine Dienstleistungen sozialverträglich anbieten und gleichzeitig wettbewerbsfähig arbeiten. Schweiger beschreibt diesen Treiber als Akzeptanzmarkt.

* Dimension „Attraktivität":
Die Dimension Attraktivität bezieht Schweiger auf die Mitarbeiter- oder auch Kundenperspektive. Der unternehmerische Erfolg geht einher mit der Identifizierung, Gewinnung und Bindung qualifizierter Arbeitnehmer aber auch zufriedener Kunden. Beide Gruppen können positiv auf andere Stakeholdergruppen wirken.

* Dimension „Qualität":
Aus Sicht der Konsumenten bezieht sich diese Dimension auf den Service des Krankenhauses insgesamt. Die Qualität zeichnet sich u.a. durch einen hohen Standard der Dienstleistungen und ein angemessenes Preis/Leistungsverhältnis aus. Ein weiterer Indikator von Qualität ist die Verlässlichkeit. Das Gefühl einen verlässlichen Partner an der Seite zu haben vermittelt Menschen Sicherheit.

* Dimension „Performance":
Die Performance wird z.B. aus der Finanzmarktperspektive betrachtet. Die gute Führung des

---

[7] Vgl. Schwaiger, M., Corporate Reputation, 2004, S.62

Unternehmens bewirkt die wirtschaftliche Stabilität und dies sind mögliche Indikatoren. Die Untersuchung dieser Dimension soll auch Einschätzungen über Zukunftspotentiale für verschiedene Stakeholder wiedergeben.

6.6. Dimensionale Analyse

Die Dimensionen des Konstrukts „Unternehmensreputation" sind durch das hier angewendete Modell von SCHWEIGER gegeben, sowie auch die Indikatoren wie folgt:

Abbildung 1: Modell zur Messung von Unternehmensreputation von SCHWEIGER, 2004[8]

6.7. Interviewleitfaden

Aus den o.g. Dimensionen und Indikatoren werden in dieser Phase die entsprechenden Fragen zusammengestellt. Wie es in Abbildung 1 zu sehen ist, habe ich für meine

---

8 Vgl: Schweiger, M.:Components and Parameters of Corporate Reputation – an Empirical Study

Interviewfragen acht Indikatoren ausgewählt (fett markiert) auf die ich acht passende Fragen zusammenstelle, wie folgt:

Dimensionen	Indikatoren	Fragen für Leitfaden
Verantwortung	•Fairer Wettbewerb •Nicht nur an Profit denken •**Gesellschaft. Verantwortung** •**Engagement für die Umwelt** •Aufrichtige Information	Frage 1: Welchen Stellenwert hat für Sie die Öffentlichkeitsarbeit des Krankenhauses im Bereich Förderung der Gesundheit, z.B. Veranstaltungen zum Thema Prävention? Frage 2: Auf welche Art und Weise haben Sie das Umweltengagement des Krankenhauses erlebt und wie wichtig ist es für Sie?
Attraktivität	•Hoch qualifizierte Mitarbeiter •Als Arbeitgeber Vorstellbar •**Erscheinungsbild gefällt**	Frage 3: Wie zufrieden sind Sie mit der Funktionalität und Patientenfreundlichkeit des Gebäudes und Einrichtung des Krankenhauses und ist für Sie das Erscheinungsbild wichtig?
.....	.....	.....

Tabelle 2: Entwicklung meines Leitfadens (Ausschnitt)

✓ Der vollständige Interviewleitfaden wird als Anhang beigefügt.

6.8. Methodisches Vorgehen

Für die Befragung wird das halbstandardisierte Interview gewählt. Die Datenerhebung erfolgt durch ein persönlich geführtes Interview.[9] Diese Form der Informationsgewinnung ermöglicht die Verwendung eines Leitfadens, der ein strukturierteres Vorgehen der Befragung zulässt. Der Interviewleitfaden teilt sich in mehrere Abschnitte ein. Beginnend mit der Begrüßung und einer Erläuterung über den Ablauf und der Zielsetzung des Interviews startet der aktive Teil. Der Interviewer erfragt alle relevanten und zuvor festgelegten Formalitäten. Dies sind in der Regel u.a. Name, Alter, Ort, Datum, und Geschlecht mit entsprechender Datenschutzerklärung. Der spezielle Teil beinhaltet die Hauptfragen.[10] Im Gegensatz zum standardisierten Interview bietet das halbstandardisierte Interview mehr Flexibilität. An festgelegten Stellen dürfen Zusatzfragen gestellt werden und der Interviewer kann Fragen, z.B. zur besseren Verständlichkeit, umformulieren.[11] Das Interview als Erhebungsinstrument weist manchmal mögliche Nachteile auf. Eine mögliche Verzerrung oder Beeinflussung durch den Interviewer oder einem Dritten ist nicht auszuschließen. Zudem ist die gewählte Untersuchungs- Methode mit relativ hohen zeitlichen und finanziellen Ressourcen verbunden.

Die Interviews erfolgen nach vorheriger persönlicher Absprache jeweils mit einem Gesprächspartner (Patienten; Verwandten) direkt auf der Krankenhausstation, nach Möglichkeiten in einem dafür ausgesuchten Zimmer oder auf dem Krankenzimmer. Mit den

[9] Vgl.: Albers, S./Klapper, D./Wolf, J./Walter, K.A.; 2013, S. 38
[10] Vgl.: Ornau, F./Reinhardt, R.; 2015, S.38
[11] Vgl.: Stangl, W.; (14.09.2016), http://lexikon.stangl.eu/17837/halbstandardisiertes-interview/

zuweisenden niedergelassenen Ärzten wird das Interview nach vorheriger telefonischer Absprache in dessen Arztpraxis durchgeführt.

Aufgabe C2

1. Aufgabenstellung

Gegenstand der vorliegenden Einsendeaufgabe ist zu erklären, was unter einer Gruppendiskussion zu verstehen ist und die möglichen Anwendungsfelder einer Gruppendiskussion zu nennen, inkl. Diskussion über Vor- und Nachteile einer Gruppendiskussion im Vergleich zu Einzelinterviews.

Bei der Gruppendiskussion handelt es sich um eine Form von Datenerhebung. Zuerst werde ich wichtige dazugehörige Grundbegriffe erläutern.

2. Datenerhebung

Als Datenerhebung wird die Ermittlung, das Sammeln und das Auswerten von Daten beziehungsweise Informationen bezeichnet, um bestimmte Ausprägungen von Merkmalen eines zu untersuchenden Forschungsgegenstandes durch statistische Darstellungen abzubilden.[12] Die Datenerhebung ist also die systematische Beschaffung entscheidungsrelevanter Informationen. Die Erhebung von Daten kann mithilfe von Beobachtung oder Befragungen vorgenommen werden, letztere können schriftlich oder online durch Fragebögen oder mündlich in Form von Interviews durchgeführt werden.

3. Erhebungsverfahren

Qualitative Befragungen werden meistens auf sprachlicher Basis durchgeführt, da die Untersuchungsteilnehmenden eher zu mündlichen Äußerungen bereit sind als zum Anfertigen von schriftlichen Ausarbeitungen.[13] Aufgrund der Vielzahl von Varianten qualitativer Interviews ist es wichtig, je nach Untersuchungsfall eine Technik auszuwählen. Die Begründung für die Wahl einer bestimmten Interviewform ist von verschiedenen Aspekten abhängig: Welche Personen werden befragt (Interview mit Laien oder Experten? Einzel- oder Gruppeninterviews)? Welches Thema wird behandelt? Ist eine bestimmte Technik des Fragens sinnvoll für das Thema? Zu den häufig angewendeten mündlichen Arten von Datenerhebung gehört z.B. Problemzentriertes Interview, Narratives Interview und Gruppendiskussion und von den schriftlichen Arten ist die s.g. Teilnehmende Beobachtung zu nennen.[14]

---

[12] https://www.juraforum.de/lexikon/datenerhebung
[13] Vgl.: Mayring, P.; 2016, S.66
[14] Vgl.: Mayring, P.; 2016, S.66

3.1. Problemzentriertes Interview

Das Problemzentrierte Interview ist eine offene, halbstrukturierte Befragung zentriert auf eine bestimmte Problemstellung, die der Interviewer einführt. Die Problemstellung steht also am Anfang der Befragung fest, der Befragte sollte in einem solchen Gespräch in höchstem Maße frei zu Wort kommen, der Interviewer sollte lediglich immer das Gespräch zurück zum Thema lenken. Eine Vertrauenssituation zwischen dem Interviewer und Befragten ist eine Voraussetzung für die erfolgreiche Durchführung des problemzentrierten Interviews. Problemzentrierte Interviews bieten sich an bei stärker theoriegeleiteter Forschung mit spezifischeren Fragestellungen und bei Forschung mit größeren Stichproben an.[15]

3.2. Narratives Interview

Das Narrative Interview ist eine weniger standardisierte Variante des Interviews. Ziel des Interviews ist nicht den Befragten mit standardisierten Fragen zu konfrontieren, sondern ihn zum ganz normalen Erzählen zu motivieren. Der Befragte wird also indirekt aufgefordert zu einem Thema eine typische Geschichte aus seinem Leben zu erzählen. Der Interviewer greift in das Erzählen nicht ein, sondern kontrolliert lediglich, dass dieser den Roten Faden nicht verliert und korrigiert eventuell die Richtung .

Das Narrative Interview ist für Thematiken mit starkem Handlungsbezug geeignet[16].

3.3. Gruppendiskussion (wird in Absatz 4. näher analysiert)

3.4. Teilnehmende Beobachtung

Die teilnehmende Beobachtung ist eine Methode der Feldforschung die schriftlich in. Der Beobachter nimmt selbst Teil an der sozialen Situation, die sonst von Außerhalb seines Gegenstandbereiches nicht zugänglich wäre. Der Beobachter steht somit in direkter persönlicher Beziehung mit dem Beobachteten. Es wird dabei halb-standardisiert gearbeitet, vorab werden die wichtigsten Beobachtungsdimensionen festgelegt und in einem Leitfaden festgehalten. Dieser muss nicht immer strikt nach Plan verfolgt werden. Der Beobachter erstellt regelmäßig ein Beobachtungsprotokoll. Ein Problem bei teilnehmender Beobachtung ist der Zugang zum Untersuchungsfeld. Es ist unerlässlich dass der Forscher aufgenommen und akzeptiert wird ohne als Störfaktor zu wirken.[17]

Die teilnehmende Beobachtung ist gut geeignet, wenn der Gegenstand in soziale Situationen eingebettet und von außen schwer einsehbar ist. Ein Beispiel ist hier ein Sozialforscher der auf gewisse Zeit zusammen mit Obdachlosen lebt um deren Lebensumstände usw. zu erforschen.

---

[15] Vgl.: Mayring, P.; 2016, S.71
[16] Vgl.: Mayring, P.; 2016, S.71
[17] Vgl.: Mayring, P.; 2016, S.82

4. Gruppendiskussion

Gruppendiskussionen werden zunehmend angewendet in der Qualitativen Forschung, um als eine von mehreren Möglichkeiten des Erhebungsverfahrens, zum Beispiel zur Erhebung von Gruppenmeinungen, kollektiver Einstellungen, Ideologien und Vorurteilen.[18] Die Aufgabe der Gruppendiskussion ist also, die kollektiven Orientierungen durch die Teilnehmer herauszuarbeiten. Dies kann z.B. die Zugehörigkeit zu einem Milieu, einer Generation oder einem Geschlecht sein.[19] Gruppendiskussionen können durch die Tiefe der Diskussion auch solche Aspekte einer Forschungsfrage ans Tageslicht bringen, auf die man spontan nicht ohne weiteres kommen würde. Oberflächlich gesehen lässt sich der Begriff Gruppendiskussion definieren auch als „ein Gespräch mehrerer Teilnehmer zu einem Thema, dass der Diskussionsleiter benennt (...) und das dazu dient, Informationen zu sammeln."

Die Gruppendiskussion wird vor allem dann eingesetzt, wenn es um die Generierung neuer Hypothesen und Ideen oder die Erforschung von Hintergründen von Verhalten und Einstellungen geht. Zudem können auch Prozesse untersucht werden, die der Meinungsbildung in Gruppen zu Grunde liegen, sodass es weniger um die Meinungen und Einstellungen selbst geht, als um die Art und Weise, wie diese in der Gruppe zustande kommen. Einflussfaktoren, die sich auf die Gruppendynamik und damit auf den Erfolg der Gruppendiskussion auswirken können, sind z.B. das Diskussionsthema, die Gruppengröße, die Gruppenzusammensetzung, der Bekanntheitsgrad unter den Gruppenmitgliedern, die Meinungsverteilung in der Gruppe und die Rolle und das Verhalten des Moderators. Diese Aspekte sollten gut überlegt und dem Untersuchungsgegenstand angemessen ausgewählt werden. Um die Effekte der Gruppendynamik noch zu verstärken, werden bei Gruppendiskussionen gelegentlich "Strohmänner" eingesetzt, die z.B. durch der Gruppenmeinung widersprechende Äußerungen Widerspruch der Teilnehmer herausfordern

Der Ablauf der Gruppendiskussion hängt damit von der Zusammensetzung und Dynamik der Gruppe ab. Dennoch lassen sich folgende Ablaufschritte zusammenfassen[20]:

- die Erklärung des formalen Vorgehens durch den Diskussionsleiter/Moderator
- eine kurze Vorstellungsrunde der Teilnehmenden untereinander und die Phase des „Aufwärmens"
- der Beginn der Diskussion durch einen Diskussionsreiz, der das Gespräch stimulieren soll

Die Moderation einer Gruppendiskussion erfordert viel Erfahrung. Der Moderator muss darauf achten, dass alle Teilnehmer zu Wort kommen, dass auch abweichende Meinungen frei geäußert werden und dass auch die "Schweiger" motiviert werden, einen Beitrag zu leisten. Insgesamt werden die Phasen der Fremdheit, der Orientierung, der Anpassung und der Vertrautheit sowie der Konformität und des Abklingens der Diskussion innerhalb der Gruppe durchlaufen.

---

[18] Vgl.: Mayring, P.; 2016, S.78
[19] Vgl.: Przyborski, A.; 2004, S.11
[20] Vgl.: Flick, U.; 2010

Der Begriff der „Gruppendiskussion" wird vor allem im deutschsprachigen Raum verwendet. Im englischsprachigen Raum hat die Methode unter dem Begriff „Focus Group" an Bedeutung gewonnen. Auch bei den Focus Groups liegt der Schwerpunkt in der Interaktion der Datensammlung. Sie werden insbesondere in der Markt-und Medienforschung eingesetzt.[21]

+ Vorteile der Gruppendiskussion versus Einzelinterviews:

- Ökonomische Vorteile gegenüber den anderen Erhebungsmethoden
- Zeitliche Vorteile da die Daten in größeren Stichproben erfasst werden. Außerdem sprechen die Gruppenteilnehmer frei so dass keine aufwendige Operationalisierung notwendig ist.
- Gruppendiskussionen sind vielfältig einsetzbar und zeichnen sich durch ihre Offenheit, Alltagsnähe und Flexibilität aus.
- Das Verfahren ermöglicht spontane Reaktionen und Emotionen bei den Teilnehmern hervorzurufen.
- Vorteil der Gruppendynamik (im Text oben näher beschrieben)
- Der Prozess der Meinungsbildung und das Entstehen einer Gruppenmeinung werden ersichtlich und nachvollziehbar.
- Gruppendiskussion ist bei den Teilnehmern beliebt wegen ihrer freundlichen und entspannten Atmosphäre.

- Nachteile der Gruppendiskussion versus Einzelinterviews

- Organisatorisch womöglich schwieriger
- Optimale Gruppenbildung nicht einfach
- Gefahr unter den Teilnehmern s.g. „Schweiger" zu finden
- Gefahr unter den Teilnehmern s.g. „Opinion-Leader" zu finden die das Gespräch dominieren
- Gruppendiskussion könnte zu geregelt oder zu chaotisch ablaufen
- Gefahr dass die Gruppe zu oft das gegebene Thema verlässt

Aufgabe C3

1. Aufgabestellung

Gegenstand der vorliegenden Einsendeaufgabe ist den Unterschied zwischen einer quantitativen und qualitativen Inhaltsanalyse zu stellen inkl. eine Diskussion über die typischen Anwendungsfelder beider Formen der Analyse.

---

[21] https://www.empirical-methods.hslu.ch/forschungsprozess/qualitative-forschung/auswahl-der-erhebungsmethode/;

2. Methoden der empirische Forschung

Jeder Forscher wird zu Beginn des Forschungsprozesses entscheiden müssen, welche Forschungsmethode er zur Realisierung seines Forschungszieles einsetzen will. Abhängig von der Auswahl der Problemstellung des geplanten Forschungsprojektes eignen sich verschiedene Methoden und Techniken der empirischen Sozialforschung zur Bearbeitung. In diesem Teil der Arbeit werde ich die qualitative oder quantitative Forschungsmethoden beschreiben und analysieren. Die Entscheidung für die eine oder andere Richtung geht dabei immer auch mit einer spezifischen methodologischen Zugangsweise zum Forschungsgegenstand einher[22]

Diese beiden methodologischen Richtungen unterscheiden sich zwar in einigen Dimensionen, aber sie schließen sich nicht unbedingt aus. So ist es z.B. keine Seltenheit, qualitative und quantitative Methoden zu kombinieren.[23] Beispielsweise kann bei der Evaluation der Effektivität von E-Learning einerseits ein standardisierter Fragebogen an die Mitarbeiter verteilt, und andererseits ein Interview mit Mitarbeitern und Experten in Form einer Gruppendiskussion durchgeführt werden. Besonders in der Forschungspraxis zeigt sich, dass der Übergang von einem Paradigma zum anderen fließend ist. Die beiden Ansätze lassen sich daher kaum trennscharf voneinander abgrenzen.[24]

Grundsätzlich gilt die quantitative Forschung als eher objektbezogen; sie ist bemüht, Erklärungen und Ursache-Wirkungszusammenhänge zu identifizieren, während die qualitativen Ansätze eher interpretativ vorgehen und das subjektbezogene Verstehen in den Vordergrund rücke.[25] Weitere typische Besonderheiten der quantitative Forschung beziehen sich z.B. auf das Untersuchungsfeld (Labor vs. natürliche Umgebung), die Datenform (numerisch versus textbasiert) oder die Auswertungsmethodik (statistisch versus interpretativ).

Ziel der qualitativen Forschung ist es, die Wirklichkeit anhand der subjektiven Sicht der relevanten Gesprächspersonen abzubilden und so mögliche Ursachen für deren Verhalten nachzuvollziehen und das Verhalten zu verstehen.[26] Statt einer großen Fallzahl zeichnet sich die qualitative Forschung durch eine stärkere Subjektbezogenheit aus, d.h., der Hauptuntersuchungsgegenstand ist immer das menschliche Subjekt. Um Verzerrungen der Ergebnisse durch zu starre theoretische Vorannahmen und standardisierte Untersuchungsinstrumente zu vermeiden, präferiert die qualitative Forschung den direkten Zugang zu den betroffenen Subjekten (bspw. über persönliche Interviews).

---

[22] Vgl.: https://studi-lektor.de/tipps/qualitative-forschung/qualitative-quantitative-forschung.html
[23] Vgl.: Wolf/Priebe; 2003 S. 318
[24] Vgl.: Wolf/Priebe; 2003
[25] Vgl.: Lamnek, S.; 2006
[26] Vgl.: Wolf/Priebe; 2003

3. Phasen der Empirischen Forschung

Allgemein lassen sich die folgenden Schritte als Phasen der quantitativen auch qualitativen Forschung nennen.

- Anstoßphase (Entdeckung des Forschungsproblems),
- Theoretische Phase (theoretische Fundierung des Forschungsprozesses),
- Konzeptionelle Phase (methodische Spezifizierung der Erhebungsinstrumente),
- Operationalisierungsphase
- Erhebungsphase (Organisation und Durchführung der Feldarbeit),
- Mess- und Kodierungsphase,
- Aufbereitungsphase (Datenerfassung und -bereinigung),
- **Auswertungsphase / Analysephase** (Inhaltsanalyse)
- Interpretationsphase (verbale Kommentierung der numerischen und graphischen Ergebnisse, Falsifizierung/ Verifizierung der Forschungshypothesen),
- Rückkoppelungsphase (Verwertung der Ergebnisse im Entscheidungs- und Aktionsfeld, Weitergabe der Ergebnisse an Dritte)

In dieser Aufgabe wird weiter Analysephase näher behandelt.

4. Analyse

Definition: ...ganzheitliche, systematische Untersuchung, bei der das untersuchte Objekt zergliedert und in seine Bestandteile zerlegt wird und diese anschließend geordnet, untersucht und ausgewertet werden. Auch die Beziehungen der einzelnen Elemente und deren Integration werden berücksichtigt.[27]

4.1. Inhaltsanalyse

Speziell die Inhaltsanalyse lässt sich eindeutig kaum definieren und deshalb bediene ich mich hier an der Stelle bei Mayring und beschreibe die erwünschte Aufgabe der Inhaltsanalyse wie folgt: „Kommunikation analysieren; fixierte Kommunikation analysieren; dabei systematisch, regelgeleitet und theoriegeleitet vorgehen; das Ziel verfolgen, Rückschlüsse auf bestimmte Aspekte der Kommunikation zu ziehen.

Da sie dabei nicht nur Inhalte der Kommunikation zum Gegenstand hat, bleibt der Begriff Inhaltsanalyse problematisch; genauer wäre wohl Kategoriengeleitete Analyse."[28]

Generell lassen sich zwei Formen der Inhaltsanalyse unterscheiden. Die quantitative und die qualitative Inhaltsanalyse.

---

[27] https://www.wortbedeutung.info/Analyse/
[28] Mayring, P.; 2015; S.13

5. Quantitative Inhaltsanalyse

Die quantitative Inhaltsanalyse möchte beschreiben und erklären und bemüht sich kaum subjektbezogen zu verstehen. Sie zielt darauf ab, eine begrenzte Anzahl an Merkmalen auf möglichst viele Fälle anzuwenden. Bei der quantitativen Inhaltsanalyse fließen also nur die Merkmale in die Untersuchung ein, die relevant sind für die Beantwortung der Forschungsfrage. Unter Messung ist in diesem Zusammenhang die Analyse von Text-, Audio- oder Video entlang einer zuvor erstellten Liste von Kategorien zu verstehen, auch Codebuch genannt. Den Medieninhalten wird während der Codierung jeweils eine Ausprägung der verschiedenen Kategorien oder Variablen als Code zugeordnet. Die Quantitative Inhaltsanalyse könnte auch als „empirische" Textanalyse verstanden sein.[29]

Quantitative Inhaltsanalyse wird mit Hilfe von *Frequenzanalyse*, die allein die Häufigkeit bestimmter Wörter oder Mehrwortausdrücke bestimmt. Sie ist auch als einzige, rein quantitative Art der Inhaltsanalyse bezeichnet. Sie hat somit ihren Schwerpunkt oft in der computergestützten Inhaltsanalyse.[30] In der zweiten Form, der *Valenzanalyse* zeigt sich schon ein geringer qualitativer Ansatz, indem zusätzlich bestimmt wird ob ein gewisser Suchausdruck von Erzählenden eher positiv, negativ oder neutral bewertet wird. Die *Intensitätsanalyse* geht in der Richtung noch einen Schritt weiter in dem sie mehrstufig gemessen wird, wie stark die Bewertung der Suchausdrücke ausfällt.[31] Schließlich steht noch die *Kontingenzanalyse* zur Verfügung, die Assoziationsstrukturen in den zu analysierenden Materialien erfasst. Sie soll also nachweisen ob gewisse Merkmale öfter oder seltener zusammen vorkommen als angenommen.[32] Die letzten drei Analysenarten lassen also doch kleinen Raum für Interpretation und zumindest geringe Miteinbeziehung des Kontextes zu.

6. Qualitative Inhaltsanalyse

Die qualitative Inhaltsanalyse ist ein Auswertungsverfahren für qualitative Daten, die theorie- und regelgeleitete sowie methodisch kontrollierte Auswertung ermöglicht.[33] Besonders gut geeignet sich Inhaltsanalyse als Auswertungsmethode von Interviews, Zeitungsartikeln und Internetseiten und ist somit von allen anderen textanalytischen Methode am häufigsten angewandt.[34]

Ursprünglich war die Inhaltsanalyse in der ersten Hälfte des 20. Jahrhunderts entwickelt um in den aufkommenden Massenmedien (Zeitung, Radio) den quantitativen Analysen inhaltlicher Aspekte (z.B. Themen, Rubriken) vornehmen zu können. Die Inhaltsanalyse in heutiger Form ist weiterentwickelt so, dass auch latente Sinngehalte und subjektive Bedeutungen Ziel der Analyse ist. Im Regelfall werden jedoch auch in der qualitativen

---

[29] Vgl.: Bos/Tarnai 1999; S.660
[30] Vgl.: Diekmann, A.; 2004, S.496
[31] Vgl.: Mayring, P.; 2015; S.16
[32] Vgl.: Diekmann, A.; 2004, S.496
[33] Vgl.: Mayring, P.; 2015
[34] Vgl.: Mayring, P./ Fenzl, T.; 2014; S.543

Inhaltsanalyse Kategorienhäufigkeiten eruiert und statistisch analysiert. Die Bezeichnung des qualitativen und quantitativen forschen darf generell nicht überbewertet sein, diese beiden Forschungsmethoden können also voneinander nicht streng abgegrenzt werden.

Nach Kuckartz existieren drei grundlegende Basismethoden qualitativer Inhaltsanalyse, die *inhaltlich strukturierende*, die *evaluative* und die *typenbildende qualitative Inhaltsanalyse*.[35] Diese drei Methoden zeichnen sich durch recht unterschiedliche Herangehensweise aus. Insbesondere die inhaltlich strukturierende qualitative Inhaltsanalyse wird in der Forschungspraxis häufig angewandt.

6.1. Qualitative Inhaltsanalyse – Grundbegriffe

Um eine Qualitative Inhaltsanalyse durchführen zu können ist es von großer Bedeutung die wichtigsten Grundbegriffe zu erörtern. Diese sind hier kurz zusammengestellt wie folgt:

- *Einheit*
  - *Auswahleinheit* - das aus dem gesamten Spektrum vorliegende Materialien zur Analyse, ausgewähltes Material (z.B. eine bestimmte Ausgabe einer Zeitung).
  - *Analyseeinheit* - Elemente des Untersuchungsmaterials (z.B. Artikel aus einer Zeitung zu einem bestimmten Thema).
  - *Codiereinheit* - ein einzelnes Merkmal (Begriff, Satzteil, Absatz), das eine Codierung auslöst
  - *Kontexteinheit* - Material im Umfeld einer Codiereinheit, das zum Verständnis notwendig ist[36]

- *Kategorie*
  Eine Kategorie ist das Ergebnis der Klassifizierung von Einheiten, wie z.B. Personen, Ideen, Prozessen, Gegenständen, Argumenten usw. die eine relevante Beziehung zur der Forschungsfrage haben. Diese soll Komplexität reduzieren, Textmengen werden hinsichtlich theoretisch interessierender Merkmale klassifizierend beschrieben. Es gibt mehrere Arten von Kategorien wie z.B. Inhaltliche Kategorie; Faktenkategorie; Natürliche Kategorie; Analytische Kategorie; Evaluative Kategorie; Formale Kategorie.

- *Kategoriensystem (Codierschema)*- Kern der Inhaltsanalyse
  - Relevante Textbedeutungen sind in Kategorien zusammengefasst
  - Definition jeder einzelnen Kategorie und Unterkategorie
  - Kategorie muss exakt in ihrer Ausprägung beschrieben werden,
  - „Ankerbeispiele" verdeutlichen, welche thematisch abgrenzbare Textinhalte einer Kategorie zugeordnet werden müssen.
  - Trennschärfe (evtl. zusätzlich Abgrenzung zu anderen Kategorien definieren)[37]

---

[35] Vgl.: Kuckartz, U.; 2014, S 72
[36] Vgl.: Tausch, A.; 2018
[37] Vgl.: Tausch, A.; 2018

6.2. Ablauf einer qualitativen Inhaltsanalyse

„Das Vorgehen besteht prinzipiell aus zwei Schritten. In einem ersten Schritt werden induktiv am Material entwickelte oder vorab theoriegeleitet-deduktiv postulierte Kategorien einzelnen Textpassagen zugeordnet. Dieser Prozess wird zwar von genauen inhaltsanalytischen Regeln begleitet, er bleibt aber ein qualitativ-interpretativer Akt. In einem zweiten Schritt wird dann analysiert, ob bestimmte Kategorien mehrfach Textstellen zugeordnet werden können. Aus diesem Grund wäre die Bezeichnung „qualitativ orientierte kategoriengeleitete Textanalyse" wohl der bessere Begriff."[38]

Generell lässt sich der Ablauf einer qualitativen Inhaltsanalyse folglich beschreiben wie es hier in Abbildung 2 zu sehen ist. Am Anfang steht die ursprüngliche *„Forschungsfrage"* gefolgt von

Abb. 4. Generelles Ablaufschema qualitativer Inhaltsanalysen

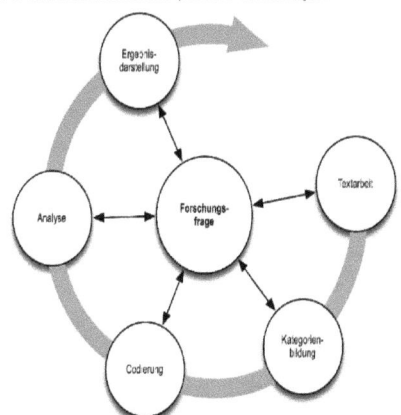

„Textarbeit" was bedeuten soll, dass der analysierte Text erstmal vollständig durchgelesen wird um ein erstes Gesamtverständnis für den gesamten Text auf der Basis der Forschungsfrage zu entwickeln. Hier ist es sinnvoll mit Memos und/ oder Fallzusammenfassungen zu arbeiten denn wichtige Ideen, Vermutungen, Gedankengänge usw., die beim Lesen kommen, sollten sofort notiert werden.

Fallzusammenfassungen kann als systematisch ordnende

Zusammenfassung der individuellen Fallcharakteristika bezeichnet sein.[40]

Abbildung 2: Generelles Ablaufschema qualitativer Inhaltsanalyse[39]

Der nächste Schritt ist die *Kategorienbildung*. Die Art der Kategorienbildung hängt in starkem Maße von der Forschungsfrage ab. Über einer *induktiver Kategorienbildung* ist dann gesprochen wenn die Kategorien ausschließlich am gewonnenen Material gebildet werden. Dagegen Kategorie Bildung aufgrund einer vorhandenen Hypothese ist als *deduktiver Kategorienbildung* bekannt.[41] Nach diesem Prozess wird es mit dem ersten Codierprozess beginen. *Codierung* wird so gestaltet, dass der Text sequenziell durchgelesen wird und Textabschnitte werden den festgelegten Kategorien zugewiesen. Nicht sinntragende Textstellen bleiben uncodiert. Der Codierungsprozess kann bei komplexen Themen und Texten mehrere „Durchläufe" haben. An den Codierungsprozess schließt sich die eigentliche Auswertung/Analyse und Ergebnispräsentation. Auch die Auswertung lässt sich laut Kuckratz mit Hilfe von sieben Auswertungsformen durchführen[42].

[38] Vgl.: Mayring,P./ Fenzl, T.; 2014; S.544
[39] Vgl.: Kuckartz, U.; 2014
[40] Vgl.: Tausch, A.; 2018
[41] Vgl.: Kuckratz, U.; 2014; S.59
[42] Vgl.: Kuckratz, U.; 2014; S.94

7. Quantitative- vers. Qualitative Inhaltsanalyse

Definitiv ist es sinnvoll die beiden Auswertungsstrategien anhand ihrer charakteristischen Produkte und nicht anhand paradigmatischen oder methodologischen Differenzen zu unterscheiden. Es gibt aber natürlich auch besondere Affinität der Strategien zur quantitativen oder qualitativen Methoden.

Quantitative Inhaltsanalysen beruhen auf einer Interpretation die in der Auswertung mit Hilfe von Zahlen präsentiert wird. Dabei werden z.b. die Merkmale der Sachverhalte oder die Häufigkeit des Auftretens von Merkmalen durch Zahlen beschrieben. Ein Ausschnitt der beobachteten sozialen Vielfalt wird in dem Fall auf Skalen abgebildet, mit Häufigkeiten der Auftretens von Merkmalsausprägungen operiert und somit die soziale Komplexität reduziert und standardisiert.[43] Quantitative Verfahren allgemein eignen sich mit ihrer standardisierten Befragungs- und Beobachtungsform, der Untersuchung großer Stichproben und der Anwendung statistischer Prüfverfahren sehr gut zur objektiven Messung und Quantifizierung von Sachverhalten, zum Testen von Hypothesen und zur Überprüfung statistischer Zusammenhänge. Sie sind ideal, um objektive Daten über die Zeit zu vergleichen und daraus Entwicklungen abzulesen.

Die quantitative Inhaltsanalyse findet in verschiedenen Themenbereichen der Medieninhaltsforschung Anwendung. In der Journalismusforschung wird so beispielsweise die Themenagenda der Medien kontinuierlich analysiert und ausgewertet.

Häufig wird mittels dieser Methode auch die Kommunikation politischer Akteure oder die politische Berichterstattung verschiedener Medien analysiert. Es wird beispielsweise untersucht, ob bestimmte Parteien oder Politiker bevorzugt genannt und wie sie dargestellt werden. Auch die politische Orientierung eines Mediums kann mittels quantitativer Inhaltsanalyse betrachtet werden.

Doch auch Fragen der Gewalt- und Minderheitenforschung kann die quantitative Inhaltsanalyse beantworten. Dabei wird zum Beispiel betrachtet, wie Medien in journalistischen und fiktionalen Beiträgen über Gewalt berichten oder wie bestimmte Minderheiten dargestellt werden.

Der Nachteil der quantitativen Inhaltsanalyse ist, dass Texte nicht in der Tiefe untersucht werden können, sondern nur anhand einiger ausgewählter Merkmale in der Breite. Das schränkt die Flexibilität der Analyse in gewisser Weise ein. Allerdings liegt der Vorteil eindeutig in der Quantität denn, es ist möglich, viele Texte zu untersuchen und so ein stichhaltiges Ergebnis zu erhalten.

Qualitative Methoden der Inhaltsanalyse beruhen auf der Interpretation sozialer Sachverhalte, die in einer verbalen Beschreibung dieser Sachverhalte resultiert. Die Komplexität sozialer Sachverhalte wird nicht so sehr bei der Datenerhebung, sondern erst im Prozess der Auswertung schrittweise reduziert. Die Qualitative Inhaltsanalyse wird meistens

---

[43] Vgl.: Gräser, J./Laudel, G.; 2010 ; S.27

bei Transkripten von Qualitativen Interviews, bei Analysen von Antworten offener Fragen bei quantitativen Untersuchung angewendet, weiter bei Auswertung von Beobachtungsprotokollen und Feldnotizen sowie Medienberichterstattung und Online-Kommunikation. Ebenso Dokumenten und Akten werden mit diese Methode Analysiert. Bei qualitativen Methoden geht es um das Beschreiben, Interpretieren und Verstehen von Zusammenhängen, die Aufstellung von Klassifikationen oder Typologien und die Generierung von Hypothesen. Die qualitative Befragung bzw. Beobachtung zeichnet sich durch eine nicht prädeterminierte und sehr umfassende Informationen liefernde Herangehensweise aus und ist hierdurch überall dort geeignet, wo man eine differenzierte und ausführliche Beschreibung individueller Meinungen und Eindrücke benötigt. Insbesondere zur Sammlung von detaillierten Verbesserungsvorschlägen, zur Erkundung von Ursachen (für Sachverhalte wie beispielsweise Unzufriedenheit) und zur Erstellung von Typologisierungen sind qualitative Methoden ideal. Die Stärken der qualitativen Inhaltsanalyse liegen in der systematischen und regelgeleiteten Vorgehensweise, die im Idealfall den einschlägigen Gütekriterien der qualitativen Forschung Rechnung trägt. Zudem gewährleistet sie eine hohe Transparenz des Forschungsprozesses.

7.1. Quantitative- vers. Qualitative Inhaltsanalyse – Direkter Vergleich

Qualitative Inhaltsanalyse	Quantitative Inhaltsanalyse
Nominalskala	Ordinal-, Intervallskala
„Verstehend" Hineinversetzen, nacherleben von Gegenständen, Zusammenhängen und Prozessen	„Erklärend" Erklärung von Inhalten
Orientierung am Besonderen, am Individuellen	Orientierung am Allgemeinen, an allgemeinen Prinzipien
Erfassung der vollen Komplexität der Untersuchungsgegenstände	Zerstückelung, Atomisierung, Zerteilung („Denken in Variablen")
Eher induktiv	Eher deduktiv
Einzelfallorientiert	Kontrollierte Stichprobenziehung
Ziel: die Sammlung relevanter Themen und Aussagen	Ziel: Summe der Häufigkeit des Vorkommens von Kategorien
Begriffe und Aussagen werden erst während des Kodierungsprozesses inhaltlichen Kategorien zugeordnet	Die Zuordnung von Begriffen und Aussagen zu Kategorien wird in Vorhinein festgelegt
die Häufigkeit des Vorkommens v. Themen ist eher unwichtig	Im Anschluss erfolgt eine quantitative (statistische) Auswertung

Tabelle 3: Unterschiede der Qualitative und Quantitative Inhaltsanalyse (eigene Darstellung)

Bezogen z.B. auf den Produktentwicklungsprozess kann die qualitative Methode in nahezu allen Phasen sinnvoll einsetzen werden. Sehr gut eignen sie sich beispielsweise bei der Analyse von Bedarfsveränderungen der Nachfrager, bei der Ideengenerierung oder im Rahmen von Konzepttests. Quantitative Methoden sind Innerhalb des Produktentwicklungsprozesses dagegen immer dann sinnvoll, wenn mögliche Beurteilungskriterien bekannt sind und ein bekannter Gegenstand quantifiziert werden soll, beispielsweise bei der Beurteilung eines Produkts im Rahmen eines Produkttests oder Markttests oder bei einer

Kundenzufriedenheitsanalyse. Auch für wiederkehrende Fragestellungen, bei denen Ergebnisse von verschiedenen Zeitpunkten verglichen werden sollen, eignen sich quantitative Methoden sehr gut.

Zur Bewertung der Patientenzufriedenheit in Krankenhaus würde sich für Auswertung eines Fragebogens (Bewertungsskala) die Quantitative Analyse anbieten, die Reputation des Krankenhauses würde dann nach durchgeführten Interviews mit eine Qualitativen Inhaltsanalyse ausgewertet.

Beide Arten von Methoden haben spezifische Vor- und Nachteile und es hängt in erste Linie von Gegenstand und Ziel der Untersuchung ab, welche Methoden angewendet werden können oder sollen.

Literaturverzeichnis

Albers, S./Klapper, D./Wolf, J./Walter, K.A.; Methodik der empirischen Forschung; Gabler Verlag Springer; Wiesbaden GmbH, Wiesbaden; 2009

Barnett, M. L./Jermier, J. M./Lafferty, Corporate Reputation Review; Tampa; 2006

Bos, W./Tarnai, Ch.; Content analysis in empirical social research; International Journal of Educational Research; 1999

Diekmann, A.; Empirische sozial Forschung; Verlag Rororo; Reinbeck; 2004

Flick, U.; Qualitative Sozialforschung: eine Einführung; Verlag Rororo, Reinbeck; 2010

Gläser-Zikuda, M./ Seidel, T./ Rohlfs, C./ Gröschner, A./ Ziegelbauer, S.; Mixed Method in der empirischen Bildungsforschung ; Waxmann; Jena; 2010

Gräser, J./Laudel, G.; Experteninterviews und Qualitative Inhaltsanalyse; Springer VS Verlag; Wiesbaden; 2010

Hanefeld, S.; Übertragungsmechanismen von Reputation zwischen mehreren Bezugspersonen , Springer Gabler; Wiesbaden; 2014

Hümmer, C.; Die Reputation interner Dienstleister in Konzernen, Springer Fachmedien Wiesbaden; 2015

Kuckartz, U.; Qualitative Inhaltsanalyse; Beltz Verlag; Weinheim; 2014

Lamnek, S.; Qualitative Sozialforschung; Beltz PVU Verlag; Weinheim; 2006

Mayring, P.; Qualitative Inhaltsanalyse; Beltz Verlag, Weinheim; 2015

Mayring, P.; Einführung in die Qualitative Sozialforschung; Beltz Verlag, Weinheim; 2016

Mayring, P./ Fenzl T.; Qualitative Inhaltsanalyse; Springer VS Verlag; Wiesbaden; 2014

Ornau, F./Reinhardt, R.; Studienbrief; SRH Riedlingen; 2015

Otte/Röhrßen; Führen und wirtschaften im Krankenhaus Nr.2 (Der Chefarzt als Marke); 03/04 2009

Przyborski, A.; Gesprächsanalyse und dokumentarische Methode, Springer Verlag; 2004

Schwaiger, M.; Corporate Reputation; Schmalenbach business Review; 2004

Schütz, T.; Die Relevanz von Unternehmensreputation für Anlegerentscheidungen; Internationaler Verlag der Wissenschaften; 2005

Tausch, A.; Folienpräsentation; 2018

Wolf/Priebe; Wissenschaftstheoretische Richtungen, Verlag Empirische Pädagogik, Landau i. Pfalz; 2003

Internetquellenverzeichnis

https://www.empirical-methods.hslu.ch/forschungsprozess/qualitative-forschung/auswahl-der-erhebungsmethode/

https://www.juraforum.de/lexikon/datenerhebung

http://lexikon.stangl.eu/17837/halbstandardisiertes-interview/; 2016

https://studi-lektor.de/tipps/qualitative-forschung/qualitative-quantitative-forschung.html

https://www.wortbedeutung.info/Analyse/

Abbildungs- und Tabellenverzeichnis

Anhang Verzeichnis

Reputation des Krankenhauses

Interviewleitfaden

2018

MARIE ALBRECHT

Interviewleitfaden

EINSTIEG

„Guten Tag Herr/Frau ……

*Vielen Dank dass Sie sich bereit erklärt haben mir paar Fragen zu beantworten. Grund für dieses Interview ist das Anstreben des Krankenhauses nach womöglich großer Zufriedenheit des Patienten, Mitarbeitern und anderen Besuchern des Krankenhauses. Das Krankenhaus ist stets bemüht die Wünsche und Anregungen von allen Beteiligten regelmäßig zu erfassen, prüfen und nach Möglichkeiten auch in größte Masse zu erfüllen.

*Jetzt möchte ich mich kurz vorstellen. Mein Name ist Marie Albrecht. Ich bin Mitarbeiterin eines beauftragten unabhängigen Instituts, der diese Umfrage für das Krankenhaus durchführt und auswertet.

*Das Interview wird ungefähr 40-50 Minuten dauern, wir können das Gespräch nach Ihren Bedürfnissen jeder Zeit kurz unterbrechen.

*Wenn Sie einverstanden sind, würde ich gerne das Gespräch mit dem Tonband protokollieren, allein schon deshalb, damit ich später nicht nur auf mein Gedächtnis angewiesen bin, sondern tatsächlich den genauen Gesprächsverlauf nachvollziehen kann. Natürlich werde ich das Tonbandprotokoll nach den geltenden Datenschutzgesetzen behandeln. Es werden also keinerlei personenbezogene Daten weitergegeben oder veröffentlicht. Außerdem werden sämtliche Angaben, aus denen Rückschlüsse auf Ihre Person gezogen werden könnten, bereits bei der Transkription der Interviews anonymisiert. Damit ich im Gesprächsverlauf nichts vergesse, habe ich meine Fragen noch einmal in diesem Leitfaden festgehalten [zeigen!]. Das heißt aber nicht, dass wir alle diese Fragen völlig schematisch abhaken werden. Es ist vielmehr wahrscheinlich, dass wir davon das ein oder andere Mal abweichen werden, um bestimmte Aspekte, die besonders interessant sind, etwas ausführlicher zu besprechen. Vielleicht kommt es auch vor, dass Sie mit meinen Fragen nichts anfangen können oder meine Fragen für nicht ganz verständlich sind. In diesem Fall bitte ich Sie, mich gleich drauf hinzuweisen.

* Bevor wir mit dem eigentlichen Interview beginnen, habe ich noch einige Fragen zur Ihrer Person. Diese können Sie mir nach Ihren ermessen beantworten, oder auch nicht. Für die Erfassung von Ihren persönlichen Daten brauche ich nach Gesetz eine von Ihnen unterschrieben Einverständniserklärung. Dies können wir nach dem Gespräch erledigen.

- (1) Ihren Name, bitte?

- (2) Wie alt sind Sie? (nur bei Patienten und event. Verwandten):

! Folgende Angaben von Interviewer selbst auszufüllen!

- Geschlecht (nur bei Patienten und event. Verwandten):

- Datum:

- Ort:

- -

HAUPTTEIL

*...nachdem wir die wichtigen Formalitäten abgearbeitet haben, können wir mit dem Hauptteil, mit den eigentlichen Fragen und Antworten anfangen. Betrachten Sie das Ganze als eine normale Unterhaltung und wie gesagt, falls Sie eine oder andere Frage nicht verstehen, sagen Sie mir einfach Bescheid.....
Hier also die erste Frage......

Frage 1: Indikator – „Gesellschaftliche Verantwortung"

Wie zufrieden sind Sie mit Öffentlichkeitsarbeit des Krankenhauses im Bereich Förderung der Gesundheit, z.B. Veranstaltungen zum Thema Prävention und welchen Stellenwert hat dies für Sie?

Ziel: erfahren in wie weit der befragte an diesen Thema – Öffentliche Arbeit des Krankenhauses interessiert ist, ob Ihm das überhaupt bekannt ist, dass dies vor Ort stattfindet und wie wichtig Ihm das ist, etc...

Frage 2: Indikator – „Engagement für die Umwelt"

Wie zufrieden sind Sie mit dem Umweltengagement des Krankenhauses, auf welche Art und Weise haben sie es erlebt und wie wichtig ist es für sie?

Ziel: erfahren welcher Stellenwert hat Umweltbewusstsein für die Patienten allgemein und was Sie bereit sind zu akzeptieren um die Umwelt zu schonen, eventuell was würden sie sich in der Richtung wünschen.

Frage 3: Indikator – „Erscheinungsbild gefällt"

Wie zufrieden sind Sie mit der Funktionalität und Patientenfreundlichkeit des Gebäudes und Einrichtung des Krankenhauses und ist für Sie das Erscheinungsbild wichtig?

Ziel: erfahren ob die Räumlichen Gegebenheiten den Vorstellungen und Bedürfnissen entsprechen, ob dies für die Befragten auch ein Aspekt zur besseren wohlfühlen in Krankenhaus beiträgt bzw. zum erfolgreichem Heilungsprozess.

Frage 4: Indikator – „Qualität"

Wie zufrieden sind Sie mit Medizinischen Versorgung in diesem Krankenhaus und in wie weit sind Ihre Erwartungen erfüllt?

Ziel: erfahren ob sich die Befragten aus Medizinische Seite gut und sicher behandelt fühlen und ob die Erwartung in diese Richtung erfüllt ist, soweit es für sie möglich ist es zu beurteilen.

Frage 5: Indikator – „Gutes Serviceangebot"

Wie zufrieden sind Sie mit der Verpflegungsservicequalität in Krankenhaus wie z.B.
Cafeteria, Friseur, Kapelle usw.?

*Ziel: erfahren ob die interne Infrastruktur für die Befragten ausreichend und befriedigend
ist.*

Frage 6: Indikator – „Verlässlicher Partner"

Welchen Stellenwert hat für Sie ein vertrauensvoller Umgang mit persönlichen Daten und
welche Erfahrungen haben Sie in der Richtung in diesem Krankenhaus gemacht?

*Ziel: erfahren ob dies den Beteiligten überhaupt als eventueller Gefahrfaktor bekannt ist
bzw. wie sicher sie sich in der Richtung in diesem Krankenhaus fühlen um eventuelle
Maßnahmen zur Aufklärungen zu anstoßen.*

Frage 7: Indikator – „Sehr gut geführt"

Wie wichtig ist für Sie eine gute fachlich- und sozialkompetente Führung des
Krankenhauses und welche Erfahrungen oder Erkenntnisse haben Sie dazu?

*Ziel: erkennen ob dieses Faktor für alle Beteiligte Gruppen gleichen Stellenwert hat und
warum (z.B. Sicherheitsgefühl auf der Medizinische Ebene; gutes Arbeitsklima für
Beschäftigte, was sich auch auf die andere Beteiligten auswirkt usw.)*

Frage 8: Indikator – „Klare Zukunftsvorstellung"

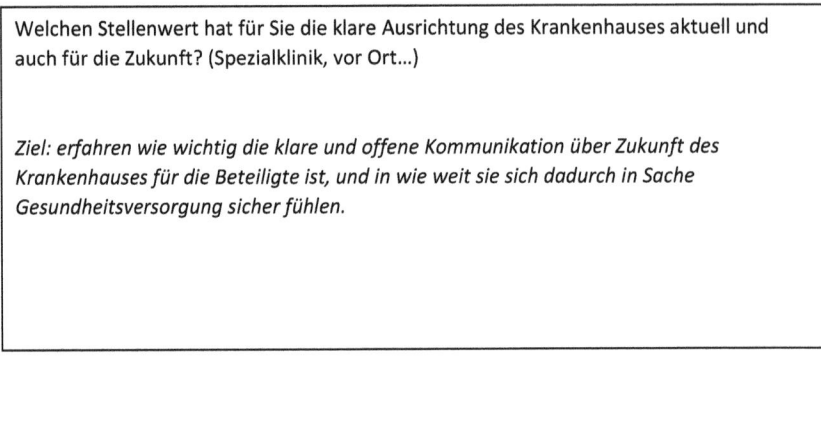

Welchen Stellenwert hat für Sie die klare Ausrichtung des Krankenhauses aktuell und auch für die Zukunft? (Spezialklinik, vor Ort...)

Ziel: erfahren wie wichtig die klare und offene Kommunikation über Zukunft des Krankenhauses für die Beteiligte ist, und in wie weit sie sich dadurch in Sache Gesundheitsversorgung sicher fühlen.

- -

ABSCHLUSS

*... damit sind wir am Ende unseres Interviews. falls Sie keine Fragen oder Anregungen haben, bedanke ich mich nochmal herzlich für dieses Gespräch und verabschiede mich!"

BEI GRIN MACHT SICH IHR WISSEN BEZAHLT

- Wir veröffentlichen Ihre Hausarbeit, Bachelor- und Masterarbeit

- Ihr eigenes eBook und Buch - weltweit in allen wichtigen Shops

- Verdienen Sie an jedem Verkauf

Jetzt bei www.GRIN.com hochladen und kostenlos publizieren